AF314483

# PRODUITS VÉGÉTAUX DU BRÉSIL

CONSIDÉRÉS AU POINT DE VUE

DE L'ALIMENTATION ET DE LA MATIÈRE MÉDICALE

Par M. le Dr J. C. NOEGGERATH

Ancien externe à l'École de médecine et de pharmacie, membre de la Société impériale d'acclimatation

Et M. AUGUSTIN-DELONDRE

Ancien préparateur de chimie à l'École impériale polytechnique et au Muséum d'histoire naturelle de Paris, membre de la Société impériale d'acclimatation

Extrait de la publication spéciale sur l'Exposition universelle de 1867, par la Société impériale zoologique d'acclimatation

PARIS

VICTOR MASSON ET FILS
place de l'École-de-Médecine

ET AU SIÈGE DE LA SOCIÉTÉ
HÔTEL DE LA SOCIÉTÉ, RUE DE LILLE, 19

1867

# PRODUITS VÉGÉTAUX DU BRÉSIL

CONSIDÉRÉS AU POINT DE VUE

## DE L'ALIMENTATION ET DE LA MATIÈRE MÉDICALE

RAPPORT

### Par M. LE Dr J. L. SOUBEIRAN

Professeur agrégé à l'École de pharmacie de Paris,
Secrétaire délégué de la Société impériale d'acclimatation.

### Et Augustin DELONDRE

Ancien préparateur de chimie à l'École impériale polytechnique
et au Muséum d'histoire naturelle de Paris.

La flore du Brésil est assurément d'une très-grande richesse. Plus de douze mille espèces de cette flore sont déjà connues et se recommandent à nous par la variété des produits qu'elles peuvent nous fournir.

Les forêts du Brésil contiennent les espèces de bois les meilleures que puisse employer la construction navale et civile, et les espèces les plus riches et les plus belles que puisse utiliser l'ébénisterie.

Parmi les bois de construction, nous citerons le *pinho* (*Araucaria brasiliana*, Rich.), le *cedro do Brasil* (*Cedrela brasiliensis*, Vell.), le *péroba*, le *tapinhoâ*, le *cabiuna* ou *jacaranda* noir, le *corcunda*, le bois du Brésil, le sorbier, dont le suc laiteux sert d'aliment et s'emploie dans les maladies de poitrine; le *bacuri*, le *sucupira*, l'*aroeira* du *sertao*, l'*ipé*, le *pequia*, dont on connaît trois espèces : le *pequia* commun ou vrai, le *pequia-rana* ou faux *pequia*, et le *pequia* noir; le *massaranduba* (*Mimusops elata*, Fr. All.), dont le suc, d'une couleur blanche, est très-savoureux, et se prend avec le thé et le café; le bois de fer, le laurier, le cannellier, le *sapucaia*, dont le fruit, espèce de coco, contient une amande agréable au goût, et donne une émulsion anticatarrhale et antinéphrétique; le *barauna*, l'*itauba*, fort commun dans la province de l'Amazone, dont il existe quatre espèces : le jaune (*Acrodiclidium Itauba*, Nees), le rouge, le noir (*Oreodaphne Hookeriana*, Nees), et le tacheté; le *matamata* (*Lecythis coriacea*, Mart.), dont il existe trois espèces : celui des forêts, celui de la plaine, et le *matamata* noir; le *guarabu* ou bois violet; le *pau d'arco* ou bois d'arc, espèce de *tecoma;* le *pau lacre* ou bois de laque, qui doit son nom à la résine laque qu'il produit; une grande quantité de lianes de toute espèce, et beaucoup d'autres espèces d'arbres.

La plupart des bois de construction appartiennent à la famille des légumineuses ; viennent ensuite les laurinées, les sapotacées, les apocynées, les lécythidées, les bignoniacées, les cédrélées, les anacardiacées, les antidesmées, les protéacées.

L'*oleo* (bois à huile), le *mairapinima*, le *saboa-rana*, le *pau-cruz*, le *vinhatico*, le *pao-setim*, le *jacaranda* (palissandre), le *gonçalo-alves*, le *sebastião d'arruda*, le *pau marfin*, le *muirapiranga*, le *pau-rosa* (bois de rose), le *cajueiro do mato* et d'autres se recommandent pour l'ébénisterie.

Le manglier de cordonnier, l'arbre de Sainte-Rite, le *barbatimão*, le *massaranduba*, le *peroba*, et beaucoup d'autres, nous fournissent des matières tannantes.

Le bois de Brésil (*pao Brazil* ou *ibira pitanga*, *Cesalpinia echinata*), les *tatajuba* (*Maclura tinctoria*, *Maclura affinis*), les *tecoma* parmi lesquels nous distinguerons surtout : le *tecoma insignis*, Sald., qui porte au Brésil le nom d'*Ipe tabaco* ou de *pao d'arco amarello* dont la matière colorante jaune a été nommée *peina* par M. le docteur Capanema, délégué de la Société impériale d'acclimatation au Brésil ; l'indigo ; le rocouyer, appelé dans le pays *urucu*, dont les graines, renfermées dans la capsule couverte d'épines qui forme le fruit du rocouyer, servent à la teinture ; le *cumaite*, le campêche, le *mangue rouge*, le *guarauna* (*Melanoxylon brauna*, Schott); le *merendiba* (*Terminalia tingens*) et le *Trichilia catagoa* dont les deux dernières donnent une matière colorante rouge foncé, et beaucoup d'autres sont excellents pour la teinture.

Outre ces arbres, les forêts voient naître spontanément et en abondance les *seringueiras*, qui naissent et croissent spontanément dans les provinces du Nord, surtout dans celles du Para et de l'Amazone ; leur sève, en s'épaississant, donne le *caoutchouc*, qui est exporté en grande quantité hors du Brésil et contribue au Para pour un tiers de la rente provinciale, et qui peut être retiré aussi du *mangabeira*, du *monpiqueira* et d'autres plantes ; les sapotacées dont la plupart fournissent un suc abondant susceptible de fournir de la *gutta percha* ; le palmier *carnauba*, important surtout par la cire incrustée dans ses feuilles, mais dont chacune des parties présente un certain degré d'importance. Le tronc de ce palmier est employé comme bois de construction. Du chou palmiste, on tire du vin, du vinaigre et une substance amylacée, analogue au sagou. La racine est employée dans les mêmes cas que la salsepareille. Les feuilles fournissent la cire ; desséchées, elles donnent de la potasse employée dans la fabrication du savon. La substance molle et fibreuse de la partie inférieure des feuilles peut remplacer le liége. La pulpe et l'amande du fruit sont comestibles. Avec la feuille sèche on fait des nattes, etc., etc.; en un mot, chacune des parties de ce palmier présente de l'utilité. Nous citerons encore les *myristica*, qui produisent une cire végétale; la vanille, le cacao, le café et beaucoup d'autres plantes dont les produits sont l'objet d'un commerce important.

En ce qui concerne le *thé*, fourni par le *Thea viridis*, nous dirons que la culture du thé commence à donner au Brésil de belles espérances, fondées sur la qualité et l'abondance des produits : la consommation du thé cultivé au Brésil est, du reste, encore limitée à l'intérieur. Il existe des cultures de thé dans les provinces de Rio de Janeiro, de Saint-Paul, de Minas Geraes et du Parana. Nous ajouterons qu'au Brésil, dans les provinces de Minas Geraes et de Saint-Paul, on trouve deux plantes de la famille des nyctaginées, dont une du genre *Pisonia*, qui fournissent ce que l'on appelle le *thé du Brésil*. Les feuilles de ces deux plantes renferment un peu de théine : on boit leur infusion malgré son goût un peu amer. Peut-être, par un système convenable de culture, pourrait-on obtenir des résultats plus avantageux.

La vanille, le cacao, le café sont des produits trop importants pour que nous ne leur consacrions pas quelques lignes ; toutefois, en ce qui concerne le cacao, nous serons très-restreints : en effet, ce fruit a été l'objet d'un rapport spécial.

*Vanille.* — La vanille est, comme on le sait, le fruit de l'*Epidendron vanilla*. Les gousses de cette plante varient entre 130 et 220 millimètres de longueur. La vanille inculte croît dans les lieux sombres et humides des régions chaudes de l'Amérique, spécialement au Brésil et au Mexique. La variété connue sous le nom de *vanille de Saint-Domingue*, donne des fleurs vertes et blanches et des fruits noirs ; les fleurs et les fruits de cette variété sont inodores. Les variétés de la vanille du Brésil ont, pour la plupart, des gousses de plus grandes dimensions que celles du Mexique ; on les appelle en France *vanillons*; ces gousses ont, dans la province de Sergipe, 8 à 10 pouces (22 à 27 centimètres) de longueur et 6 à 12 lignes (1 à 2 centimètres) de largeur. Dans celle de Minas, elles ont 6 à 9 pouces (18 à 26 centimètres) de longueur et 4 à 6 lignes (8 à 14 centimètres) de largeur. Celles du Mexique ont 6 à 7 et même 8 pouces (22 centimètres) de longueur et 2 à 4 lignes (4 à 8 centimètres) de largeur. La vanille est souvent mal préparée au Brésil, où elle n'est pas, à vrai dire, cultivée, le travail se bornant à la récolte dans les bois quand les gousses sont ouvertes. La vanille a des qualités médicinales : elle est très-employée par les médecins espagnols pour la cure de diverses maladies ; elle est stimulante et stomachique, et sert par ce motif à la préparation du chocolat, qu'elle rend plus digestif. On en fait usage dans la confiserie et la parfumerie.

On prépare au Brésil avec la vanille une sorte de liqueur et un sirop.

La culture de la vanille est une des plus profitables. On la plante à l'aide d'échalas, et le soin essentiel à prendre pour obtenir la fructification consiste dans la fécondation artificielle. Pour l'obtenir, on ouvre ou l'on coupe les fleurs mâles, afin d'en répandre le pollen sur les fleurs femelles.

*Cacao.* — On prépare le cacao pour le commerce en cueillant le fruit mûr, ôtant les graines et les faisant sécher au soleil. Les indigènes de la province de l'Amazone en fabriquent du chocolat pour leur usage domestique, ainsi que du savon et quelques autres articles. Le cacao réussit, dans les plaines surtout, sur les bords des fleuves Madeira et Salimoes. On en fait deux récoltes par an : la première de décembre à janvier, et l'autre de mai à juin ; celle-ci est la plus abondante. Le cacao, sauvage aussi bien que cultivé, ne souffre pas du débordement des rivières, bien que les troncs des arbres restent baignés pendant le débordement jusqu'à la hauteur de quatre palmes au plus (environ 66 centimètres).

Le cacao se cultive dans les provinces de l'Amazone, du Para, du Maragnon, de Bahia et, sur une petite échelle, dans celle de Rio-Janeiro. En dehors de ces localités, la culture en est rare au Brésil.

Dans les provinces de l'Amazone et du Para, le cacao croît naturellement sans culture, et, en général, les plantations, arrivées à l'état de production, n'exigent aucun soin jusqu'à la récolte ; aussi, dans cet endroit, elles constituent un revenu qui sert à doter les filles de cultivateurs.

L'exportation de l'excellent cacao de l'Amazone se fait par le Para.

Les documents officiels montrent que, dans l'exercice 1864-65, le Para a exporté hors du Brésil 216 485 arrobes.

On extrait du cacao la partie huileuse ou beurre ; elle est d'une couleur jaune clair quand elle est purifiée, et présente la consistance du beurre de lait. Elle est employée dans les confiseries, les parfumeries, les pharmacies.

Avec la pulpe du cacao on fait au Brésil de bon vinaigre. Nous avons trouvé aussi à l'exposition du Brésil de l'eau-de-vie de cacao, de la liqueur de cacao, de la crème de cacao et de la gelée de cacao.

Outre le chocolat préparé avec le cacao, les Brésiliens préparent aussi une sorte de chocolat avec le fruit du *cupuassu* (*Deltonea luctea*).

La fabrication de ce chocolat est limitée, dans la province de Para, à un petit nombre de fabriques, dont la principale se trouve dans la capitale. La fabrication de chocolat de cupuassu n'est, du reste, qu'un essai.

*Café.* — Le café peut croître dans presque toutes les localités du Brésil, car la température moyenne d'au moins 20 degrés centigrades qu'il exige, se rencontre dans la plus grande partie de l'empire.

Le caféier prospère même dans les lieux exposés au froid, et semble parfois y végéter avec plus de vigueur ; mais la fructification n'y est pas aussi abondante et n'offre pas la périodicité et la régularité nécessaires pour rendre la récolte avantageuse (1).

Si la culture du café n'est pas encore généralisée dans toutes les parties de l'empire, c'est au manque de bras et de moyens de transport qu'il faut l'attribuer. En ce qui concerne la qualité, nous ne devons pas cacher que beaucoup de planteurs n'ont accordé pendant longtemps que fort peu d'attention à la perfection du produit. Aujourd'hui cette indifférence a disparu.

La récolte et la préparation du café n'exigent pas de travail pénible, et peuvent être faites par des femmes et des enfants, mais elles demandent beaucoup d'attention et de soin.

La floraison et la fructification qui la suit, ont lieu dans deux périodes de l'année ; il en résulte que la récolte doit se faire en deux fois. Il est absolument nécessaire que, durant la dessiccation, le fruit n'entre pas en contact avec la terre, ce qui nuirait beaucoup à sa bonne qualité ; et, par conséquent, indispensable, pour la grande culture, de disposer des terrasses (*terreiros*) en pierre ou en toute autre matière analogue. Le café ainsi desséché porte le nom de *café de terreiros*. La petite culture peut faire usage de plateaux faits de bambous ou bien de *taquarrussus*, plante presque partout fort abondante.

Les terrasses en pierre étant fort dispendieuses, il y a grand avantage à employer des machines à séparer la pulpe, qui dispensent d'avoir des terrasses d'une très-grande étendue, bien que, à leur tour, ces machines ne laissent pas que d'être dispendieuses à cause des travaux hydrauliques qu'elles rendent nécessaires.

Le café étant sec, il reste à le dépouiller de son écorce, à le nettoyer au moyen de la ventilation et à le lisser. La nature des machines que l'on emploie à ces opérations, n'a pas grande influence sur la perfection du produit. C'est uniquement une question de

(1) A Java (6 degrés au sud de l'équateur), les meilleures plantations se trouvent dans les montagnes entre 2000 et 4000 pieds au-dessus du niveau de la mer.

temps et de travail, plutôt économique qu'industriélle, pourvu que, dans tous les cas, on applique avec le soin nécessaire le procédé que l'on préfère. En effet, on ne saurait imaginer des appareils plus simples et plus primitifs que ceux en usage dans les pays dont le café est le plus estimé sur les marchés européens.

La valeur officielle du café exporté durant l'exercice de 1864 à 1865 s'est élevée, pour tout l'empire, à près de 10 millions d'arrobes. Le café consommé dans le pays constitue le cinquième de la production totale.

Le café est la culture principale des provinces de Rio-Janeiro, de Minas-Geraes et de Saint-Paul ; elle y produit des fortunes considérables. Les deux premières de ces provinces et une partie de la dernière ont exporté, dans l'exercice déjà cité, 8 791 247 arrobes. Le reste de la province de Saint-Paul a exporté, par la douane de Santos, 1 672 486 arrobes.

La culture du café est la culture la plus récente de la province de Ceara, mais elle commence à se développer sur une grande échelle dans les montagnes de Maranguape, Aratana, Baturite, Araripe, Machado, Uraburotama. Bien que les plantations ayant été attaquées par les insectes, la production ait diminué depuis 1863, elle continue néanmoins à être la seconde branche d'exportation de la province. En 1866, le total de l'exportation a été de 103 390 arrobes.

On peut préparer avec les feuilles du caféier une sorte de *thé de café* (Peckolt). On peut extraire de l'huile de la semence du caféier, et de l'eau-de-vie de sa pulpe. On prépare avec le café de l'eau-de-vie, de la liqueur, de la crème de café.

*Maté.* — Nous dirons ici quelques mots du maté, qui est la boisson préférée de la plus grande partie des habitants de l'Amérique du Sud. La plante qu'on appelle aussi *congonho*, n'est qu'un arbuste de la famille des aquifoliacées, du genre des houx, de l'espèce *Ilex mate*, plus généralement connue sous la dénomination d'*Ilex paraguayensis*.

Le maté croît à l'état sauvage dans les bois du Rio-Grande du Sud et du Parana, de préférence dans les terrains bas et humides. La culture de cette plante a d'autant plus besoin d'être encouragée que l'arbuste, cultivé, s'améliore, développe plus de végétation, et devient même un arbre touffu beaucoup plus grand que l'arbre sauvage.

On connaît généralement deux variétés de *maté* : l'une appelée *caamini* et l'autre *caauana*. La première est la plus appréciée et est destinée de préférence à l'exportation ; la seconde est peu estimée, parce qu'elle a un goût excessivement amer quand elle croît à l'état sauvage. On a reconnu, du reste, par des expériences répétées, que, par la culture, son amertume devient supportable.

Le maté a des propriétés toniques et diurétiques; il est salutaire dans les fièvres intermittentes, à cause de son principe amer ; et, comme il est assez diurétique, il doit sans doute être utile comme préservatif des hydropisies.

Il renferme les mêmes principes que le thé et le café, contenant à poids égal la même quantité de ces principes qui existe dans les feuilles de thé, et une plus grande encore que celle produite par les grains du café.

Dans les provinces du sud du Brésil et dans les républiques d'origine espagnole, on prend le maté d'une autre manière que le thé et le café. On jette de l'eau bouillante dans une petite calebasse qui contient l'herbe mélangée avec une portion convenable de sucre,, et l'infusion faite, on aspire le liquide au moyen d'un chalumeau muni d'une petite boule, dont la partie inférieure forme un crible qui empêche la poudre provenant des tiges et feuilles desséchées de s'élever ; le maté acquiert ainsi une saveur particulière.

Ailleurs, on fait infuser les feuilles ou la poudre dans une théière avec de l'eau bouillante de la même manière que le thé.

Le maté du Brésil est exporté dans les républiques de l'Amérique du Sud.

Les provinces du Parana, de Sainte-Catherine, de Rio-Grande du Sud ont exposé du maté. Un exposant de la province de Parana, M. Anacleto Dias Baptista, a exposé de l'eau-de-vie de maté. Un autre exposant de la même province, M. José Candido da Silva Murici, a exposé de la liqueur de maté. M. Mathias Marcos Vieira, de la province de Rio-Grande du Sud, a exposé de l'extrait de maté cristallisé et de l'extrait de maté liquide.

*Guarana.* — Le guarana est une pâte résineuse, fabriquée avec les fruits de la liane vulgairement connue sous ce nom, le *guarana* (*Paulinia sorbilis*). On s'en sert en médecine pour le traitement interne contre les dysenteries et les fièvres intermittentes. Il présente, avec le café, le thé et le maté, ce caractère commun qu'il contient aussi de la caféine. Le guarana est actuellement inscrit au Codex français.

Les Indiens emploient l'enveloppe rouge des fruits pour se teindre le visage, ce qu'ils considèrent comme un ornement.

Afin d'éviter la fermentation à laquelle est soumise la pâte des graines de guarana, qui sert à la fabrication du guarana, on a soin de n'en préparer que la portion qui doit être employée à la fabrication du même jour.

On donne au guarana toutes sortes de formes; ainsi, nous en voyons à l'Exposition qui présente la forme d'ananas, de couleuvre, de chien, de pomme de pin, etc., etc.

*Produits médicinaux.* — On rencontre au Brésil, réparties entre les différentes provinces, de nombreuses plantes, appartenant notamment aux familles des apocynées, des légumineuses, des térébinthacées, des magnoliacées, des méliacées, des lécythidées, des laurinées, des rubiacées, des rutacées, etc., etc., dont les fruits, les écorces ou les graines sont médicinales, comme la salsepareille, l'ipécacuanha, le *café-rana*, l'*urari*, le *guarana*, le *mururé*, puissant antisyphilitique fort en usage dans les provinces septentrionales de l'empire, le jalap, le *caroba*, diverses plantes connues par leurs qualités fébrifuges, le *pau-pereira*, l'*abutua*, l'*avenca*, le *canica*, le *tamoquaré*, l'*angelim amargoso* (*Andira anthelminthica*), l'*angelim do campo* (*Andira vermifuga*), le *gamelleira* (*Urostigma doliarum*), dont le suc lactifère est anthelminthique, et beaucoup d'autres, comme les arbres à baume, parmi lesquels nous citerons l'*oleo vermelho* (*Myroxylon peruiferum*), qui fournit le baume du Pérou, et le baumier à odeur persistante qui porte au Brésil le nom de *cabucicica*, nom sous lequel on désigne aussi le baume qu'il produit; enfin une grande variété de plantes résineuses et laiteuses, comme le *jutahi*, l'*angico*, le *jarema*, dont l'écorce amère et astringente sert en médecine comme narcotique; l'*aroeira* (*Schinus aroeira*), dont l'extrait est un succédané du cachou, et dont l'écorce, qui est astringente, laisse échapper par l'action de la chaleur un baume qui entre dans la composition d'un emplâtre réputé, par les naturels, très-efficace contre les affections provenant de refroidissement, les rhumatismes, les douleurs arthritiques avec atonie et la distension des tendons; le fruit fournit une couleur rose, employée en teinture, les feuilles fraîches fournissent une eau distillée propre à la toilette et fébrifuge, et dont les feuilles et les fruits donnent une eau distillée diurétique; l'*andiroba*, qui fournit l'huile du même nom, dont il sera question plus loin; le *copaier*, qui fournit l'huile essentielle de copahu; l'*oiticica* (1).

(1) M. Peckolt, de Cantagallo, dans la province de Rio de Janeiro, n'a pas envoyé à l'Exposition universelle de 1867 moins de 213 échantillons de produits qui peuvent être utilisés en médecine : les uns sont des produits naturels, les autres ont été obtenus au moyen d'opérations chimiques ou pharmaceutiques. M. Peckolt a exposé notamment une nombreuse collection d'huiles essentielles, dont nous avons compté un nombre d'au moins 54, parmi lesquelles nous remarquons l'huile de copahu, les huiles essentielles tirées des graines, des fleurs et des feuilles du café; son exposition contient des acides organiques dont quelques-uns, comme

Nous citerons encore l'*almecega* (*Icica icicariba*) ou bois à élémi qui fournit la résine élémi; l'*assacu* dont le suc, administré à hautes doses, est vénéneux tandis que, administré par gouttes, il est vomitif et purgatif. Sur la peau, ce suc produit des ulcères difficiles à guérir; on s'en sert dans le traitement extérieur des dartres.

Parmi les arbres donnant un suc laiteux, nous indiquerons le *guaxinguba*, dont le suc laiteux est anthelminthique; l'*amapa*, dont le suc laiteux est employé en médecine pour le traitement des ulcères, plaies et coupures; le *sucuuba* employé en médecine comme anthelminthique interne; le *muiratinga*, dont le suc laiteux s'emploie à l'extérieur, dans le traitement des douleurs rhumatismales, des tuméfactions, des contusions; le *jacaré-uba*, etc., etc.

l'acide araucarique, l'acide apolaustique, l'acide carabique, sont encore inconnus de la plupart des chimistes; des alcaloïdes, dont quelques-uns sont nouveaux, comme l'ichtyochtonine, etc., etc., et dont quelques autres, bien qu'anciens, nous sont montrés sous la forme d'échantillons de différentes origines, comme la caféine extraite des graines de thé de l'Inde, des grains du café, du parchemin du café, des fleurs du café, du maté, des feuilles du maté cultivé, du guarana et de l'écorce des graines du guarana. M. Peckolt signale encore à notre attention divers principes immédiats, tels que la timboïne, principe volatil provenant de la racine de timbo, la chenopoïdine, principe volatil extrait des semences de Santa-Maria, la maniliotine et la sepsicolytine, qui proviennent du manioc.

La sepsicolytine présente cette propriété curieuse que, si l'on en mélange quelques gouttes avec du blanc d'œuf, ce dernier peut se conserver pendant plusieurs mois sans se gâter et sans perdre aucune des propriétés qui le rendent utile aux usages industriels. La sepsicolytine exerce cette même faculté sur d'autres substances albumineuses.

M. Peckolt nous signale encore ce fait que le baume qui est retiré du *Myroxylon peruiferum*, est différent suivant qu'il est extrait de l'écorce ou du bois. Dans les bocaux qui composent sa collection, on peut remarquer le *congonha mansa*, qui fournit d'excellent *maté*, la *carabine*, succédanée de la salsepareille; le *pigericu*, qui pourrait remplacer le poivre de la Jamaïque; le *maca do mato*, qui possède toutes les qualités du laurier-cerise.

M. Peckolt donne, en outre, l'idée d'employer le *parchemin du café*, qui représente 25 pour 100 du poids total de la graine sèche et qui contient 0,27 pour 1000 de caféine.

Sa riche collection contient, en outre, des extraits, des résines, des gommes, entre autres la gomme du *Cedro vermelho*, qui est un succédané de la gomme arabique.

Nous signalerons surtout à l'attention des savants deux des alcaloïdes nouveaux de la collection de M. Peckolt : l'*agoniadine*, extraite de l'*agoniada* (*Plumeria lancifolia*) et l'*angéline*, tirée de l'*angelim pedra*, qui paraîtraient être des succédanées de la quinine. L'*agoniada* s'emploierait à doses égales et ne coûterait pas plus cher que le quinquina du Pérou et de la Bolivie.

Parmi les produits de l'exposition brésilienne relatifs à la matière médicale proprement dite, nous signalerons le *canellinha* rouge, dont la racine fournit une écorce douée de propriétés fébrifuges ; surtout plusieurs fébrifuges : l'*abutua*, le *cafe-rana ;* trois espèces de la famille des rubiacées qui se trouvent dans la province de Minas-Geraes et dans les points très-élevées de la serra de l'*Espinhaço.* Ces espèces connues dans le pays sous le nom de *quina da serra* avaient été rangées par Auguste Saint-Hilaire dans le genre *Cinchona* sous les noms de *cinchona ferruginea, cinchona Vellozii, cinchona Remigiana,* mais constituent des espèces bien distinctes des cinchonas de l'Amérique espagnole. Nous citerons encore parmi les fébrifuges du Brésil, le *quina do campo (Strychnos pseudoquina),* de la famille des apocynées ; des *quina do mato (Exostema cuspidatum* et *Exostema australe),* de la famille des rubiacées ; deux plantes de la famille des rutacées, l'*evodia febrifuga* connu au Brésil sous les trois noms vulgaires de *quina, larangeira do mato* ou *tres folhas vermelhas* et le *Picorea febrifuga* ou *tres folhas brancas;* enfin le *Solanum pseudoquina* très-recherché dans la province du Parana.

Nous signalerons encore, parmi les produits pharmaceutiques de l'empire du Brésil, un grand nombre de teintures médicinales préparées avec des produits naturels peu connus en Europe et qui nous paraîtraient mériter d'être étudiées et peut-être expérimentées par les médecins.

*Tabac.* — Le tabac à fumer, dont nous dirons quelques mots maintenant, s'exporte du Brésil en grande quantité. Le végétal qui le produit est un de ceux auxquels convient le mieux le sol du Brésil. Celui de la province de Bahia, de Barba dans celle de l'Amazone, du Mato-Grasso, de quelques endroits de la province de Minas-Geraes, et de la province de Saint-Paul est d'excellente qualité.

Les terrains de la province de Para produisent du tabac à fumer de la meilleure qualité. Ce tabac est consommé dans l'intérieur. Le plus renommé est celui qui vient de la paroisse d'Iritnia, sur le bord du fleuve Guama.

Le tabac n'est pas cultivé sur une grande échelle dans la province de Rio Janeiro. L'exportation de la capitale pour l'extérieur est alimentée par la production des provinces de Saint-Paul et de Minas-Geraes. La régie française achète annuellement au Brésil du tabac pour une somme qui en moyenne s'élève à 6 millions.

Dans la province de Bahia, la production du tabac à fumer est extraordinaire et constitue une importante branche de commerce.

La fabrication du tabac à priser tend à prendre un grand développement à Rio Janeiro, où divers établissements le fabriquent cependant il ne paraît pas être exporté au dehors et paraît être consommé dans le pays.

*Fruits.* — On trouve tant dans les forêts que dans les prairies et sur la côte une grande abondance d'arbres et de plantes qui donnent d'excellents fruits ; nous citerons : le châtaignier (*Bertholetia excelsa*) qui abonde dans les forêts du Para et dont le fruit est exporté pour les différents marchés de l'Europe et des Etats-Unis ; les fruits de pins de dimensions colossales qui abondent à l'état sauvage dans la province de Parana, à tel point que ces fruits paraîtraient pouvoir suffire à la consommation de tout l'empire ; le *cajueiro* dont les fruits, châtaignes de *caju* ou *noix d'acajou*, lorsqu'ils sont verts, sont mis dans les ragoûts, et lorsqu'ils sont secs, sont mangés rôtis ou servent à faire des dragées ; le *tucumanzeiro* dont le fruit fournit une pulpe qui, très-mûre, est alimentaire et agréable au palais ; le *pequia* dont le fruit donne une pulpe alimentaire et fort savoureuse contenant une huile et une graisse qui sont employées comme condiments ; le palmier *muriti* dont le fruit fournit une pulpe avec laquelle on prépare une boisson dont les naturels font usage, et un vin très-estimé, ainsi qu'une confiture et une gelée très-recherchées ; le *pupunha*, palmier très-commun dans la province de l'Amazone, dont les habitants du pays mangent comme aliment, après l'avoir fait bouillir avec du sel, le fruit avec lequel les Indiens des tribus qui habitent les bords du Rio Negro et de ses tributaires préparent une eau-de-vie qu'ils appellent *cacheri* ; le *bacaba* et *l'assahi* dont les fruits à l'état frais servent à préparer des boissons oléagineuses dont les naturels de la province font un grand usage ; le *coumarou* (*Dipterix odorata*) dont le fruit renferme la semence connue sous le nom de *fève de coumarou* et de *fève de tonka*, qui donne une huile employée en parfumerie ; le jacquier dont le fruit appelé *jaca* se mange, ou rôti ou bouilli, et sert d'aliment général à quelques classes de la province de Bahia ; le bananier, le goyavier, le cédratier, le citronnier, l'oranger, l'ananas, etc., etc., qui donnent les fruits bien connus sous les noms de *bananes* de *goyaves*, de *cédrats*, de *citrons*, d'*oranges*, d'*ananas*, etc., etc.

Nous ajouterons ici que beaucoup d'espèces de la zone tempérée réussissent parfaitement bien sous le climat du Brésil. Les rosacées d'Europe sont cultivées dans les environs de Rio-de-Janeiro et en différents points de l'empire. On peut voir, à une certaine époque de chaque année, les marchés pleins des fruits du pêcher, du prunier, du fraisier, du poirier, du coignassier, etc., etc. Nous renverrons du reste, pour plus de détail, nos lecteurs au travail de **M.** de Saldanha *Sur les plantes alimentaires du Brésil.*

Nous ne voulons pas oublier de mentionner ici les piments pour assaisonnements dont la province de Para possède une profusion de variétés. La production de cette province en piments est presque entièrement employée en conserves par les fabriques de vinaigres.

Nous ne passerons pas non plus sous silence tous ces fruits qui produisent des huiles grasses dont les unes servent pour l'éclairage, les autres pour l'alimentation et les autres enfin pour la médecine. Parmi ces huiles grasses, nous citerons :

L'huile de châtaignes qui est extraite des fruits de l'arbre connu vulgairement sous le nom de *châtaignier* (*Bertholetia excelsa*), qui peut remplacer l'huile d'amandes douces et donne une excellente lumière ; elle s'emploie comme condiment quand elle est fraîche ; elle est propre à la fabrication du savon blanc dur aromatisé ; elle est appliquée en médecine comme émollient.

L'huile d'*andiroba* qui est extraite de l'arbre nommé *Andirobeira* (*Carapa guyanensis,* famille des Méliacées), qui est très-abondant dans toutes les forêts de la province. Cette huile est employée dans la guérison des ulcères et des dartres : elle est employée par les habitants pour l'éclairage des maisons ; on en fait aussi usage pour la fabrication des savons ordinaires.

L'huile de *dende*, de *caiaue* ou de *palme* qui est extraite des fruits d'un palmier connu dans les provinces au sud de l'Amazone sous le nom de *dende* (*Elais guineensis*) ; elle porte dans la province de l'Amazone le nom d'huile de *caiaue ;* dans d'autres provinces, le nom d'*huile de dende*, et enfin plus généralement le nom d'*huile de palme*, surtout en Europe. Il en existe deux qualités qui diffèrent selon le mode de fabrication : l'une, tirée du sarcocarpe fibreux qui enveloppe la graine ou noyau, est plus grossière et sert à des usages culinaires et à la fabrication de savons fins ; l'autre, tirée de l'amande, est blanche ou presque blanche, solide même dans les climats chauds : elle est appelée communément *beurre de palme* et, dans la province de Bahia, huile de *senteur :* elle est exclusivement employée à l'alimentation à cause de sa pureté.

L'huile de coco qui est fabriquée sur une grande échelle depuis plusieurs années et qui est devenue un objet d'exportation, principalement pour la province de Bahia, où elle est employée non-seulement pour les machines, mais aussi pour la parfumerie.

L'huile de *pupunha* (*Guillielma speciosa*) qui est employée comme assaisonnement en substitution de l'huile d'olives : sa fabrication est encore très-limitée parce que le fruit de l'arbre dont on l'extrait, se mange comme dessert.

L'huile de *bacaba* (*Enocarpus bacaba*), extraite du fruit de l'arbre de ce nom ; elle est employée pour l'éclairage et pour les usages culinaires, dans lesquels elle peut remplacer l'huile d'olive.

L'*huile de batiputa*, extraite des semences de l'arbre connu sous ce nom que l'on rencontre en grandes quantités sur tous les plateaux des montagnes de la province de Rio Grande du Nord. En médecine, cette huile est surtout employée contre les affections rhumatismales et les éruptions de la peau ; elle est aussi fort estimée pour la préparation du poisson frit.

L'huile d'*uixi*, qui est tirée de la pulpe des graines de l'arbre colossal de ce nom, et est employée pour l'éclairage. L'écorce de cet arbre qui est fort commun dans les forêts de la province de l'Amazone, est très-astringente et s'emploie en médecine.

L'huile de ricin, qui est le principal article de la production de la fabrique impériale de Porto-Alegre, capitale de la province de Rio Grande du Sud.

Nous nous arrêterons ici dans cette nomenclature des huiles grasses, parce que l'énumération de toutes les huiles grasses d'origine végétale que fournit le Brésil, pourrait nous conduire trop loin.

*Céréales, farines* et *fécules.* — Nous ne nous arrêterons pas longtemps sur ce sujet, qui a été très-bien traité dans un article spécial par un des membres de la Société, M. Vilmorin.

Nous dirons seulement que les céréales de la province de Saint-Pierre de Rio Grande du Sud sont excellentes ; que le *froment* suffit déjà à la consommation locale de la province et qu'il est probable que, dans quelques années, ces céréales fourniront aussi les marchés de la capitale et des autres provinces.

Nous signalerons les fécules d'*araruta* et de *jacatupé*, et nous donnerons quelques renseignements sur le *manioc*.

Il existe dans la province de l'Amazone quatorze qualités de manioc : les unes blanches, les autres jaunes. Quelques-unes atteignent leur développement complet en six mois, d'autres en dix ou douze. Les indigènes profitent de la baisse des cours d'eau pour placer le manioc de six mois sur les rives ainsi mises à découvert.

La production de la farine de manioc est considérable dans la province de Sainte-Catherine : elle constitue le principal aliment de la population dans la province de Ceara.

Le jus du manioc, après avoir été bien bouilli et exposé au soleil, sert, sous le nom *Pichuna tucupi*, d'assaisonnement pour manger le poisson.

*Canne à sucre.* — La canne à sucre dont nous allons parler maintenant, est l'une des sources de la richesse du Brésil. La canne qui croît sans le travail du laboureur dans les terres du nord du Brésil, se cultive avec avantage dans le sud de l'empire. C'est de cette plante que l'on extrait exclusivement le sucre qui est consommé dans le pays et exporté sur une grande échelle pour l'extérieur.

La province de Pernambouc est celle où prospère le plus la canne à sucre : ses terrains, son climat sont très-favorables à cette culture. La canne à sucre commence à peine à être cultivée dans la province de Para.

Nous citerons encore parmi les plantes alimentaires cultivées au Brésil, la pomme de terre, la patate, l'igname (*Dioscorea alata*).

Nous ne citerons ici que pour mémoire le coton, le chanvre et les nombreuses fibres textiles du Brésil, notamment les fibres de *Guaxima* (*Urena lobata*), celles des feuilles de l'ananas (*Ananas edulis*, celles de *Jacanda* ou *Uaissima*, celles de *curaua*, celles de *tucum* (*Astrocaryum vulgare*), celles de *Piacaba* (*Leopoldina piaçaba*) (1), nous en référant à l'excellent travail publié par M. Jose de Saldanha da Gama sur les produits du Brésil et au rapport si complet que M. Carcenac, membre de la Société, a fait sur les fibres textiles de l'Exposition.

Nous observerons, en terminant, que le Brésil, déjà si riche par les productions naturelles du sol, cherche encore à augmenter ses richesses en améliorant par la culture les produits qui y poussent spontanément.

L'agriculture constitue la principale source de la richesse nationale et la plus grande partie de la population y est occupée.

L'horticulture proprement dite et le jardinage ont fait de grands progrès depuis plusieurs années dans la capitale de l'empire et dans celles des provinces de Bahia, de Pernambouc, de Saint-Pierre de Rio Grande du Sud et autres, ainsi que dans les colonies.

Il en est de même de l'introduction et de la culture des plantes exotiques ; nous citerons à l'appui de cette opinion l'acclimatation du thé et du houblon et nous ferons remarquer que deux chênes provenant de graines venues d'Europe, avaient atteint au bout de quatorze ans, dans les environs de la ville de San-Leopold, dans la province de Rio Grande du Sud, un développement tel que, dans les climats dont ces arbres sont originaires, ils n'y seraient arrivés qu'au bout de quarante ou cinquante ans.

La culture et la préparation du café, du sucre et des principales

(1) Les balais qui sont employés fréquemment au Brésil pour les maisons et les rues, sont faits avec les fibres de l'*Attalea funifera* : ils sont d'un usage assez fréquent en France et en Angleterre depuis plusieurs années. Pour les brosses à chevaux, on fait usage des fibres du *Leopoldina piaçaba*.

denrées de productions nationales se sont beaucoup améliorées par l'introduction d'importantes machines, aussi bien que par la préparation et le perfectionnement des séchoirs et des moyens de transport.

Des instituts protégés par le gouvernement et placés sous son inspection dans la capitale de l'empire et dans celles des provinces de Bahia, Pernambouc, Sergipe et Saint-Pierre de Rio Grande du Sud, ayant des revenus propres et aidés par des commissions municipales, travaillent au développement de l'agriculture.

Nous signalerons notamment l'Institut Impérial d'agriculture de Rio Janeiro qui a été fondé par souscription, en 1860, sur l'initiative de l'Empereur qui a pris pour 250 000 francs d'actions ; cet Institut reçoit, en outre, une subvention du Trésor à la charge d'entretenir et d'améliorer le jardin botanique de Lagoa das Freitas qui était auparavant entretenu aux frais et sous la direction du gouvernement. Ce jardin, situé à 10 kilomètres de la ville, au pied du Corcovado, est bien connu des voyageurs : c'est là que se trouve cette célèbre allée de palmiers tant de fois reproduite par la peinture, la lithographie et la photographie. Il se trouve, dans le jardin, des champs d'expérience pour tout ce qui est cultivé au Brésil.

Il existe aussi des Instituts agricoles du même genre à Bahia, Pernambouc, Sergipe, Para, etc.

Nous appelerons aussi l'attention de nos lecteurs sur la société auxiliatrice dont les publications contiennent les mémoires si intéressants du général Burlamaque dont le Brésil déplore la mort toute récente.

Nous devons mentionner encore le *Passeio publico* qui est la promenade publique de Rio Janeiro : elle est située dans la ville même et a été complétement transformée en 1861 en une sorte de jardin d'études par un Français, M. Glaziou, élève de M. le professeur Decaisne, et botaniste distingué. M. Glaziou y fait de nombreux essais d'acclimatation : c'est là qu'ont été faits les essais d'acclimatation des cinchonas auxquels il a été décerné une médaille à l'exposition nationale de Rio Janeiro.

Nous ne quitterons pas le sujet qui nous occupe sans parler de la belle exploitation de l'un des membres de la Commission brésilienne, M. Ferreira Lage, qui est située à *Juiz de Fora* sur la lisière de la province de Minas-Geraes. Il y cultive surtout le café ; mais il y fait pousser aussi du maïs, des haricots, du manioc, etc., etc. M. Lage a introduit dans la culture brésilienne des machines perfectionnées ; il a fondé sur ses terres une colonie d'émigrants allemands, la *colonie de Pedro II*, qui est déjà en voie de prospérité.

M. Lage est directeur de la société *União e Industria* qui a fait construire une grande route pavée qui fait communiquer Rio Janeiro avec la province de Minas-Geraes. La tête de cette route est un chemin en lacet qui gravit la montagne des Orgues et va à Petropolis. Des diligences attelées de mules gravissent cette montagne au grand trot.

La commission brésilienne et chacun de ses membres nous ont fourni de nombreux renseignements. M. Jose de Saldanha da Gama a notamment mis à notre disposition les publications qu'il a faites sur les produits végétaux du Brésil, et M. S. Coutinho, les renseignements qu'il possédait sur le même sujet. Nous les remercions bien sincèrement.

Nous ne terminerons pas cette notice sans exprimer nos sincères félicitations, d'une part, à la Commission directrice et à son président, M. Souza Ramos, par qui a été organisée l'exposition préparatoire de Rio Janeiro en 1866 ; et, d'autre part, à la Commission brésilienne à Paris et à son président, M. le baron do Penedo, qui avait déjà présidé l'exposition brésilienne à Londres en 1862, et qui a fait sur cette exposition un très-remarquable rapport. Nous ajouterons que nous félicitons aussi M. Ch. Quentin, délégué de la Commission brésilienne, qui a organisé l'Exposition au palais du Champ de Mars et a su entasser tant de richesses sur un si petit espace, sans que l'examen en présente aucune difficulté. Nous lui adressons les plus vifs remercîments pour l'amabilité avec laquelle il nous a fourni toute espèce de renseignements, même manuscrits et inédits, et nous exprimerons notre grande satisfaction d'avoir pu continuer avec le Brésil les bons rapports que ce pays a toujours entretenus avec la Société impériale d'acclimatation et son illustre président, M. Drouyn de Lhuys, dont la grande aménité est si justement appréciée de tous les membres de la Société.

Paris. — Imprimerie de E. Martinet, rue Mignon, 2.

www.ingramcontent.com/pod-product-compliance
Ingram Content Group UK Ltd.
Pitfield, Milton Keynes, MK11 3LW, UK
UKHW022347170726
13837UKWH00005BA/2474